LOTHAR HIN

COVID-19

Der Masterplan für null Covid in nur 4 Wochen

Nur gemeinsam sind wir stark

novum  pro

www.novumverlag.com

Bibliografische Information
der Deutschen Nationalbibliothek:

Die Deutsche Nationalbibliothek
verzeichnet diese Publikation in
der Deutschen Nationalbibliografie.
Detaillierte bibliografische Daten
sind im Internet über
http://www.d-nb.de abrufbar.

Alle Rechte der Verbreitung,
auch durch Film, Funk und Fernsehen,
fotomechanische Wiedergabe,
Tonträger, elektronische Datenträger
und auszugsweisen Nachdruck,
sind vorbehalten

Gedruckt in der Europäischen Union
auf umweltfreundlichem, chlor- und
säurefrei gebleichtem Papier.

© 2022 novum Verlag

ISBN 978-3-99131-645-9
Lektorat: Leon Haußmann
Umschlagfotos: Anatoliy Kashuba,
Edgar John | Dreamstime.com
Umschlaggestaltung, Layout & Satz:
novum Verlag
Innenabbildungen: OurWorldInData
Autorenfoto: Lothar Hin

www.novumverlag.com

Inhaltsverzeichnis

Legende 7
In 30 Tagen coronafrei 8
Die Fakten 13
Umfrage zum Masterplan 16
Traurige Bilanz der zwei Jahre 17
Erkenntnisse der zwei Jahre 20
Vom Automobilland zum Impfstoffland? 22
Meine Meinung 23
Allgemeine Meinung in der Bevölkerung 26
Wenn Experten sprechen 28
Kein Masterplan? 34
Aber jetzt ist er da, „der Masterplan"
Erfahrung mit Tierseuchen 36
Und was lernen wir daraus? 37
Beispiel Australien in 12 Monaten 38
Warum kurz vor dem Ziel eine neue Welle? .. 39
Das Ziel kann nur sein:
„Covid-19 ist absolut besiegt!" 41
Wir brauchen einen Corona Reset 42
Der Masterplan
Null-Covid-Strategie 43
Europaweit/Weltweit 45
Was ist eine „Insel" 46
„Corona-Urlaub/Ferien" 48
„A-Inseln für Bürger" 49
Die Notdienste des täglichen
Bedarfs der „A-Inseln" 52
Familiensituationen 54
„B-Inseln für Systemrelevante" 55
Landwirtschaft und Tierhaltung 57

Die Rechtslage	58
Die Außenwelt	60
Das Ergebnis/Erfolg	61
Schon nach einem Monat	62
Schlusswort	64

Legende

Masterplan:
Meine persönliche Ausarbeitung einer Null-Covid-Strategie, die uns auf kürzestem Weg dauerhaft aus der Pandemie führt.

Insel:
Eine Insel ist ein abgestecktes Grundstück oder eine Region zum Zweck der Kontaktbegrenzung und Kontaktnachverfolgung, das für eine gewisse Zeit nicht verlassen werden kann, um bei Infektionen die Kontakte schnell nachvollziehen zu können.

4 Wochen Sonntag:
Alles wird auf null gestellt wie an Sonntagen oder Ruhetagen, wirtschaftlicher und touristischer Stillstand.

Corona-Urlaub/Ferien:
4 Wochen Corona-Urlaub/Ferien an einem räumlich begrenzten Ort „Insel", ohne zu reisen, um Corona/Covid-19 endlich zu besiegen.

A Insel:
Ca. 90% der Bevölkerung genießen den Corona-Urlaub/Ferien an einem selbst bestimmten Ort „Insel", ohne die „Insel" zu verlassen.

B Insel:
Ca. 10% der Bevölkerung sind systemrelevant und kümmern sich um schwache und kranke Menschen und um die allgemeine Sicherheit.

In 30 Tagen coronafrei

Ich bin kein Virologe, kein Politiker und kein Jurist, aber ein Meister des Handwerks.
Handwerker müssen immer eine professionelle Lösung finden.

Es ist mein innigster Wunsch von ganzem Herzen, Menschenleben zu retten.

Schon im März 2020 habe ich gesagt, alle Menschen müssen gleichzeitig 100% Abstand halten und das Virus ist ausgestorben.

Natürlich bin ich auch geimpft.

Zu Anfang dachten alle Menschen, in ein paar Wochen ist alles vorbei. Dann sagte man, das geht noch lang.
Jetzt sagt man, das kriegen wir nie wieder los.

Wir erinnern uns sicher noch daran, dass Anfang 2020 die Urlauber aus dem Ausland mit extra gecharterten Flugzeugen zurückgeholt wurden. Die Menschen wurden in Bundeswehrkasernen untergebracht. Vier Wochen in Quarantäne und streng bewacht. Sie sollten untereinander keinen körperlichen Kontakt haben und Abstand halten. Selbstverständlich durften sie und die Betreuer das Grundstück nicht verlassen. Für den Fall, dass eine infizierte Person dabei wäre, müsste absolut vermieden werden, dass weitere Personen angesteckt werden. Sie durften das Gelände natürlich die kompletten vier Wochen keinesfalls verlassen, um ganz sicher zu sein, dass das Virus nicht in die Bevölkerung getragen werden kann.

Daher wissen wir also, dass das Separieren von kleinen Gruppen auf kleinen „Inseln" die Situation kontrollierbar macht und die infizierten Menschen zur Behandlung separiert werden können.

Alle in Quarantäne befindlichen Menschen waren somit ohne Covid-19 und konnten das Virus auch nicht verbreiten.

Anfang 2020 hatten wir das Problem, die Nachverfolgung der Kontakte in der Bevölkerung sicherzustellen, um die infizierten Menschen zu separieren. Wenn also alle Menschen überall unterwegs sind und mit bekannten und unbekannten Menschen Kontakt haben, hat das Virus freien Lauf und ist unkontrollierbar.

Das gleiche Problem haben wir nach zwei Jahren leider immer noch. Wir versuchen seit über zwei Jahren, die infizierten Menschen nicht mehr zu 100 % zu separieren, anstatt dessen geben wir uns zufrieden, wenn die Krankenhäuser und die Krematorien über die Runden kommen, was jedoch in mehreren Ländern nicht der Fall war. Ist das nicht makaber?

Ist das nicht traurig? Wenn täglich mehrere hundert Menschen in einem Land an einer Seuche sterben, nehmen wir das einfach so hin? Wir reden sogar von Lockerungen, wenn der Scheitelpunkt einer Welle gerade mal überschritten ist, nur weil ein großer Teil der Bevölkerung geimpft ist.

Ich kann mich über solche Lockerungen nicht freuen, weil da wieder unzählige Familienschicksale und Todesfälle die Folge sind.

Mein Lebensmotto ist, da ist ein Problem, wie kann ich das Problem lösen? Der von mir entwickelte Masterplan kommt nicht von ganz oben, er kommt von ganz unten.

Mein Buch soll alle Menschen erreichen, die Interesse haben, Covid-19 für immer auszulöschen. Das dürften doch eigentlich alle Menschen auf diesem Planeten sein.

Hier finden Sie also einen sogenannten Masterplan, Navigator für null Covid in nur vier Wochen. Schließlich wollen wir alle das Virus nicht in unserem Leben haben. Wir wollen alle das alte Leben zurück.

Alle Experten sprechen nur von Eindämmen und trauen sich nicht von Null-Covid-Strategie zu sprechen, weil sie keine Idee haben, wie das möglich wäre. Ich sage, was einmal geht, das geht auch tausendmal und wenn es beim ersten Mal richtig war, dann ist es auch bei tausendfacher Ausführung richtig.

Ich zeige auf, wie wir mit meinem Masterplan auf der ganzen Welt oder zumindest auf ganzen Kontinenten Covid-19 absolut beenden können und das „in nur vier Wochen".

Es gilt, den Mittelstand zu stärken und den Innenstädten das Überleben zu sichern. Die Gesundheit und das Leben der Menschen stehen natürlich an erster Stelle.

Der entscheidende Unterschied zu der Vorgehensweise der letzten zwei Jahre ist, dass die Länder und Staaten gleichzeitig agieren und das bitte nicht halbherzig.

Wenn unterschiedliche Maßnahmen zu unterschiedlichen Zeiten angeordnet werden, ist das absolut kontraproduktiv.

Zwei Jahre Flickenteppich haben die Menschen zermürbt und mit ständigem und dauerhaftem Testen sowie Impfen werden die Menschen sicherlich auch nicht glücklich sein.

Die Kosten für Impfstoff, Impfzentren, Teststationen und Wirtschaftshilfen müssen letztendlich wir oder unsere Kinder bezahlen. Die Staatskassen müssen ja irgendwann wieder aufgefüllt werden von uns Bürgern. Das ist ein enormer Schaden für das Volk und kein wirtschaftlicher Erfolg.

Es ist mir ein großes Anliegen, meinen Masterplan in die Welt hinauszutragen, um Covid-19 im Sommer 2023 wirklich und endlich zu beenden. Daher bitte ich jeden einzelnen Menschen, die Umsetzung wohlwollend zu unterstützen.

Nie mehr 2018/2019, wo die Welt noch in Ordnung war?

Stattdessen halbjährliches oder sogar vierteljährliches Impfen? Mit Impfpflicht und permanentem Testen?

Süd-Afrika hat Anfang 2022 gerade einmal 15 Prozent der Bevölkerung mit einer Erstimpfung versorgen können, weil es nicht mehr Impfstoff bekam. Im März 2022 gerade mal 30 Prozent.

Dass sich alle Menschen dieser Welt alle paar Monate impfen lassen, ist absolut unrealistisch. Die Menschen der armen Länder sind dabei die absoluten Verlierer. Das darf nicht passieren.

Viele Menschen haben die extreme Variante von Quarantäne, Krankenhaus, Tod, aber auch Überlastung am Arbeitsplatz unter Einsatz von Überstunden unter Lebensgefahr ertragen müssen.

Longcovid ist vielleicht die neue Volkskrankheit bei Menschen, die sich nicht rechtzeitig vor Covid-19 schützen konnten oder wollten? Wie viele Wellen wollen wir noch akzeptieren und wie viele Jahre soll das noch dauern, ewig?

An den Arbeitsplätzen ist Abstand oder Maske oft gar nicht möglich. Home-Office geht bei Handwerkern und Fabrikarbeitern auch nicht. Diese Menschen müssen sich der Gefahr von Infektion und Tod zwangsweise hingeben. Hier ist ein Schutz der Personen nur möglich, wenn wir vier Wochen gleichzeitig auf Arbeit verzichten und uns isolieren.

Wenn wir nur reagieren anstatt agieren, kann es schnell passieren, dass unsere Notdienste nicht mehr besetzt sind und wir auch unsere Handys nicht mehr laden können, weil das entsprechende Personal fehlt oder wir vergeblich auf den Notarzt warten.

Wollen wir weiterhin den Mitmenschen das Virus willkürlich und hemmungslos zutragen, ist das unser Verständnis von Solidarität? Glauben wir wirklich, dass es auf Dauer immer nur andere trifft?

Also schlage ich einen weltweiten Reset vor für den Juni oder Juli 2023, der von der WHO, der OSZE, der UNO und der Nato sowie der EU vorbereitet und organisiert werden sollte.

Die Fakten

Stellen wir doch fest, was Fakt ist.
   Wie wird das Virus übertragen und wie nicht?

Ich erkenne in vielen Gesprächen, dass die Kernfragen von vielen Menschen bis heute nicht verstanden wurden.

Wenn wir die Kernfragen aber nicht verstanden haben, kommen die tollsten Fantasien und Theorien auf, Missverständnisse und somit Falschinformationen, die dann verbreitet werden. Kinder, Demenzerkrankte, auch Ausländer, die mit der Landessprache nicht vertraut sind, können oft die Gefahr nicht sehen und nicht verstehen.

Aber auch Menschen, die mitten im Leben stehen, erzählen oft Halbwahrheiten, weil sie es nicht verstanden haben. Leider sind auch viele Menschen in sozialen Medien gefangen von ständigen Falsch- und Hassmeldungen, die ihnen aufgezwängt werden. Negative Meldungen werden sehr gerne weitergetragen und weitergeleitet, sie sehen ehrlich aus, weil sie professionell manipuliert sind. Dennoch sind es Lügen, die bei der Bekämpfung von Covid-19 schädlich sind.

1. Das Virus wird von Mensch zu Mensch über das Ein- und Ausatmen übertragen.

2. Wer also keinem Menschen nahekommt, kann nicht infiziert werden? Erosole können jedoch bis zu acht Meter übertragen werden, wir reden jedoch nur von zwei Metern und halten diese nicht immer ein. Bei acht Metern ist dann die Virenmenge so verstreut, dass eine Gefahr der Übertragung nicht mehr besteht.

3. Wer jedoch einen engen Kontakt hat mit einer Person, die infiziert ist, kann eine gewisse Mengen Viren auf die Schleimhäute von Augen, Nase und Mund übertragen bekommen. Allerdings können die Viren auch über Hände und Gegenstände einen Umweg machen, was durch das empfohlene Händewaschen verhindert werden soll.

4. Die nun so neu infizierte Personen werden das nicht in allen Fällen durch Symptome oder Krankheit bemerken.

5. Merken die infizierten Personen es nicht, können sie dennoch bei ihren Kontaktpersonen ca. zwei Wochen lang die Viren weitergeben und weitere Menschen infizieren.

6. Also, ohne davon Kenntnis zu haben, dass sie infiziert sind, können weitere Menschen angesteckt werden, die auch schwer erkranken können, wobei Antikörper nur für eine begrenzte Zeit von wenigen Monaten im Körper vorhanden sind, die ihn somit auch nur vorrübergehend schützen.

7. Wie können wir also verhindern, dass wir Viren aufnehmen und an andere Menschen weitergeben? Wenn wir das schaffen, wäre das Virus vernichtet. Genau das ist mein Ziel.

8. Stellen wir uns vor, die Menschen leben auf vielen kleinen „Inseln", wie ich das zu Anfang beschrieben habe, aus 2020 „In 30 Tagen coronafrei". Auf einer „Insel" ist eine infizierte Person und auf einer anderen „Insel" ist keine infizierte Person.

9. Das Virus kann sich nur innerhalb dieser Insel ausbreiten, auf der eine infizierte Person ist und wird niemals auf die andere „Insel" übertragen, wenn man es nicht rüber trägt.

10. So kann das Virus die eine Insel komplett befallen und bei der anderen Insel passiert nichts.

11. Leben aber auf der infizierten „Insel" Familien, die komplett zurückgezogen oder Selbstversorger sind, entspricht das einer „Insel" innerhalb der „Insel". Sie können also auch nicht angesteckt werden.

12. Wenn wir also viele kleine Selbstversorger-„Inseln" bilden von ca. 5–150 Personen, dann wissen wir in vier Wochen genau, auf welchen „Inseln" infizierte Personen leben und separiert werden müssen und welche Inseln coronafrei sind.

13. Die infizierten Menschen sind nun entweder still und leise genesen oder separiert im Krankenhaus und kein Mensch kann nun das Virus weitertragen und weitere Menschen anstecken.

Und das ist der einzige Weg, das Virus auszutrocknen, verhungern und verdursten zu lassen bis zum Tod.

Bereits nach vier Wochen leben alle Menschen ohne Covid-19 und ohne wirtschaftlichen Schaden wie in 2019 vor Covid-19.

Umfrage zum Masterplan

Ich habe in den letzten Monaten bei jeder Gelegenheit die Menschen gefragt.

Wenn es einen Plan gäbe, Covid-19 in 4 Wochen weltweit für immer zu besiegen? Wie wäre das für Sie?

Wären Sie bereit, 4 Wochen zurückgezogen mit einer Art Kontaktbegrenzung zu leben, in einem Lockdown, in Quarantäne oder auf einer Insel mit 5–150 Personen?

Nach über zwei Jahren Hoffen und Bangen sagen alle von mir Befragten: „Ja, wenn das Virus nach 4 Wochen für immer weg ist, dann werde ich gerne 4 Wochen auf einer kleinen ‚Insel' Corona-Urlaub/Ferien machen oder zu Hause bleiben, damit wir endlich unser altes Leben wieder zurückbekommen."

Die Schüler sind von dieser Idee ganz begeistert, Covid-19 durch Ferien zu besiegen und danach wieder ganz normalen Unterricht zu haben wie früher. Die Kinder freuen sich, die Eltern mal vier Wochen ganz für sich alleine zu haben. Homeschooling wird nur noch für Hausaufgaben genutzt und nicht für den regulären Unterricht, kein Distanzunterricht mehr.

Dann die Rückfrage der Erwachsenen, ja geht das? Das geht doch nicht!

Ich sage, ja! Mit dem Masterplan geht das.

Entscheidend ist nur: Alle Menschen müssen es gleichzeitig tun.

Traurige Bilanz der zwei Jahre

Im Dezember 2021 waren in deutschen Krankenhäusern ein Vielfaches an ungeimpften zu geimpften Menschen auf Intensivstationen. Das zeigt doch deutlich, dass die Impfung gegen schwere Verläufe hilft.

Schon über 6,15 Millionen Tote weltweit.
Schon über 132.000 Tote alleine in Deutschland.
Und täglich werden es mehr, wie lange noch?

„Covid-19 ist so, als ob jeden Tag ein Flugzeug abstürzen würde", sagt Markus Söder, der bayerische Ministerpräsident. Ich bin sicher, dass kein Flugzeug mehr starten dürfte und kein Mensch mehr fliegen wollte.

Die meisten Covidtoten weltweit könnten jetzt noch leben, hätten wir diesen Masterplan in 2020 oder 2021 umsetzen können. Doch die Toten müssen schweigen und können leider nicht mehr demonstrieren. Die Covid-Toten und longcovid-erkrankten Personen und deren Familien, die diesen Schmerz ertragen müssen, sind viel mehr, als diejenigen, die sich gegen diverse Maßnahmen sträuben und ständig schimpfen und lästern.

Viele Menschen werden leider noch an Covid-19 sterben müssen, wenn wir eine Welle nach der anderen zulassen, ohne Ende. Daher kommt es mir sehr schäbig vor, wenn Menschen wegen diverser Maßnahmen von Ausgrenzung sprechen.

50–250.000 infizierte Personen und 200 Tote und mehr pro Tag alleine in Deutschland, und wir glauben immer noch nicht, dass es auch mich treffen kann? Immer nur andere? Und diese interessieren mich ja nicht?

Die einzige Möglichkeit, die uns 100 % vor Covid-19 schützt, ist, dem Virus nicht zu begegnen. Das aber ist erst dann für alle Menschen garantiert, wenn wir weltweit auf null Covid-19 sind.

Nicht die Politiker oder Investoren verbreiten das Virus, sondern die Menschen selbst, von Angesicht zu Angesicht. Mitschuldig sind auch alle, die durch Falschinformationen die tödliche Infektion herunterspielen und die Regeln bewusst missachten.

Durch Testen soll man erkennen, wer infiziert ist. Neuinfizierte werden jedoch in den ersten Tagen nicht erkannt und somit sind Infektionen und Übertragungen trotz täglichen negativen Tests möglich. Bis also eine Infektion erkannt wird, können schon einige Menschen angesteckt worden sein, die frei und unwissend unterwegs sind.

Dass nun die Menschheit auf Dauer nur noch mit jährlichen, halbjährlichen oder sogar vierteljährlichen Impfungen und täglichen Tests, oder Tests nach Bedarf, leben kann, weil man das Virus nur eindämmt und nicht ausrottet, obwohl man das nun könnte, ist unverantwortlich.

Impfen und ständige Schnelltests plus PCR-Tests, das soll das künftige Leben auf der Erde sein, mit Restrisiko „Lebensgefahr"?

Eine allgemeine Impfpflicht ist sicherlich ein Eingriff in die körperliche Unversehrtheit. Eine Infektion dagegen ist lebensgefährlich, besonders für Ungeimpfte. Es werden auch bei einer Impfpflicht für alle Menschen immer noch einzelne Personen ungeimpft bleiben, besonders diejenigen, die nicht im Berufsleben stehen und sich jeglicher Kontrolle entziehen können und werden. Diese aber werden dafür sorgen, dass das Virus immer wieder aufblüht, und so wird das Problem kein Ende finden. Wir haben doch gelernt, dass Ungeimpfte bei einer Begegnung mehr Viren aufnehmen, dann auch mehr Viren in sich tragen und letztlich auch an andere Personen weitergeben können.

Nach dem nun für alle Menschen, die wollen, die Möglichkeit besteht, sich impfen zu lassen, sprechen viele vom Beenden der Maßnahmen. Wer sich nicht impfen lässt, geht ein erhöhtes und mehrfaches Gesundheitsrisiko für sein eigenes Leben ein. Dies ist aber leider nicht nur sein Problem, weil ungeimpfte Menschen auch eine deutlich höhere Übertragungsrate für Viren haben als geimpfte Menschen. Sie stecken ungeimpfte und geimpfte Menschen überdurchschnittlich an. Das bedeutet, dass dadurch auch die geimpften Menschen verstärkt erkranken können und werden.

Alternativ eine einrichtungsbezogene Impfpflicht? Die Folge ist, dass das einem Beschäftigungsverbot gleichkommt für jene, die sich dennoch nicht impfen lassen wollen oder können. Welches Problem soll damit gelöst werden? Das würde das Personalproblem in diesen systemrelevanten Berufen verstärken und die sozialen und finanziellen Folgen für betroffene Arbeitgeber und natürlich Arbeitnehmer sind nicht abzusehen und für viele Arbeitnehmer sicherlich ein Totalabsturz.

Ca. 9000 Pflegekräfte haben bereits in den ersten zwei Jahren der Pandemie gekündigt wegen der Überbelastung am Arbeitsplatz. Nun sollen weitere Beschäftigte wegen der Impfpflicht gekündigt werden und Sozialhilfe vom Staat beziehen? Die Situation kann sich dadurch in der Pflege extrem verschärfen. Unter Umständen kann das Kranken- und Pflegesystem sogar dadurch kollabieren.

Erkenntnisse der zwei Jahre

Mit dem Eindämmen wird das Virus nicht besiegt, eine einzige infizierte Person bringt den Stein erneut ins Rollen, wie das im Dezember 2019 bereits geschehen war.

Mit Impfen und Testen werden wir das Virus nicht besiegen, weil auch geimpfte Menschen infiziert werden und auch Überträger sind.
(Aber das muss gesagt werden, nur zu einem geringen Prozentsatz im Vergleich zu ungeimpften.)

Impfen schützt nur vor schweren Verläufen und ist nur flicken, notdürftig reparieren, und das will kein Mensch auf Dauer.

Also, wie könnten wir glauben, dass wir das Virus letztendlich besiegen mit Impfen und Testen? Das geht in 1000 Jahren nicht. Also sollten wir doch besser das Virus zu Grabe tragen anstatt die Menschen.

Seit zwei Jahren herrscht überall große Ungewissheit am Arbeitsplatz, in den Schulen, bei den Schülern, zu Hause und das auch noch zunehmend anstatt abnehmend. Jedes Bundesland kocht sein eigenes Süppchen und manche Bundesländer stellen sich gegen die zuvor gemeinsam beschlossenen Regeln. Nicht nur, dass die Bürger die unterschiedlichen Regeln nicht verstehen können, die unterschiedlichen Maßnahmen sind absolut der Bekämpfung von Covid-19 nicht dienlich, sondern schädlich.

Die Bundesländer haben keine Umzäunung und die Städte haben keine Stadtmauern, um solche Alleingänge zu rechtfertigen.

All diesen Streitpunkten sollten wir aus dem Weg gehen, weil der Streit das Problem nicht löst. Im Gegenteil, Freundschaften zerstreiten, Ehen zerbrechen und Familien gehen kaputt. Wir benötigen keine 1000 Regeln, wir brauchen nur eine Regel für eine kurze Zeit, jedoch für alle Menschen gleichzeitig.

Wir müssen infizierte Menschen herausfiltern und separieren, wie wir es Anfang 2020 ein paar Wochen krampfhaft versucht haben, bis wir verzweifelt aufgeben mussten.

Covid-19 kommt mit Panzern und wir Menschen stellen uns mit dem Luftgewehr entgegen. Unsere Maßnahmen sind so unbedeutend, als wenn wir uns darüber streiten würden, welche Farbe das Luftgewehr haben sollte.

Ich würde gerne erleben, dass die ganze Welt bei diesem globalen Angriff zusammenhält.

Vom Automobilland zum Impfstoffland?

Impfstoffe, Impfzentren, Teststationen, Masken, sollen das unsere neuen Zukunftsmärkte sein?

Ist uns bewusst, was da gerade passiert, die stillen Nebenwirkungen, über diese kaum jemand spricht?
Veränderungen, die wir alle nicht wollen.

Wir verschieben die Geschäfte, die Märkte vom Mittelstand zu den Großkonzernen?
Aus den Einkäufen in den Geschäften wird Onlinehandel.
Aus den Innenstädten werden Geisterstädte oder Gassi-Zonen?
Geben wir den Mittelstand auf und überlassen alles den Milliardären und Millionären? Einfach so als Nebenwirkung von Covid-19?
Die zehn reichsten Menschen der Welt haben in den ersten zwei Jahren der Pandemie ihr Vermögen verdoppelt. Das Vermögen fehlt nun dem Mittelstand und wie sieht es aus in 5 Jahren, wenn wir alles so weiterlaufen lassen und Corona nicht stoppen?
Und wovon wollen wir dann leben?

Meine Meinung

Im März 2020 wurde erklärt, Covid-19, das Virus ist unkontrollierbar, Kontakte nicht mehr nachvollziehbar, tödlich und wird von Mensch zu Mensch übertragen. Wir werden von einem Virus angegriffen, das bedeutet Krieg gegen die Menschheit. Wenn wir das Virus nicht weitertragen, gibt es auch keine neu infizierten Personen mehr, also auch keine Kopierfehler, und somit keine Covid-Varianten.

Aber wir tun es, schon im dritten Jahr und erleben eine Mutante nach der anderen.

Covid-19
Alpha Variante
Beta Variante
Delta Variante
Delta Plus (4. Welle)
Omikron aus Südafrika
Omikron Subtyp BA.2
Omikron XE

Wie werden die nächsten Varianten/Mutanten heißen von der 9. bis ~ ? Sigma? Ypsilon? Omega?

Seit zwei Jahren reden wir uns ein, gleich haben wir es geschafft, obwohl es keinerlei Anhaltspunkte und keinerlei Expertise dafür gibt. Okay, der Glaube stirbt zuletzt. Wann hören wir auf, uns selbst zu belügen mit unrealistischen Fantasien.

Wir müssen den Coronavirus Covid-19 im Keim ersticken. Wir sehen erst Licht am Ende des Tunnels, wenn wir weltweit auf null sind. Alles andere ist unrealistische Träumerei und Wunschdenken.

Bei sehr hohen Infektionszahlen möchte man die Maßnahmen reduzieren, nur weil in den Krankenhäuser Betten frei sind. Nur weil wir eine gewisse Impfquote haben oder keine Rücksicht mehr nehmen wollen auf die Ungeimpften, mal schauen was passiert. Will man dem Druck auf der Straße nachgeben?

Das bedeutet automatisch wieder mehr infizierte Menschen. Für mich hört sich das an, als ob eine Vollauslastung der Krankenhäuser das oberste Ziel wäre. Was ist mit den mehrfach verschobenen Operationen?

Ohne Maske und ohne Abstand wird das Virus immer wieder an anderer Stelle aufflammen, während man sich längst in Sicherheit wiegt. Erneut gibt es dann auch Menschen, die daran sterben und Menschen, die mit Longcovid leben müssen.

Besonders belastend empfinde ich es bei den Kindern und Jugendlichen, die das ganze Leben noch vor sich haben. Die Eltern sind verantwortlich für die Gesundheit und das Wohlergehen ihrer Kinder. Sie haben für den bestmöglichen Impfschutz ihrer Kinder zu sorgen. Alles andere verstehe ich als unterlassene Hilfeleistung.

Wir kämpfen gegen viele Naturgewalten, Hochwasser, Taifun, Orkan, Tsunami und Viren und nun leider auch wieder gegen einen Aggressor. Covid-19 können wir mit einem Fixtermin beenden, dann hätten wir wenigstens ein Problem weniger.

Wollen wir agieren oder nur noch reagieren?
Sind wir vorbereitet für alle Fälle?
Nein, wir machen nur Schadensbekämpfung und nehmen in Kauf, dass solche Katastrophen ab und zu passieren und Menschen sterben müssen.

Nach Hochwasserkatastrophen werden Dämme und Schutzwände gebaut, um eine Wiederholung der Katastrophe zu vermeiden. Demonstrative Impfverweigerer nutzen die vorhandene Schutzwand des Impfstoffes nicht und sagen, es wird schon nichts passieren. Es ist ihnen auch egal, dass Menschen zu Schaden kommen und sogar sterben müssen. Die Hartgesottenen sagen sogar, die Erde ist überbevölkert und darum wurde das Virus bewusst eingesetzt. Sie merken nicht, dass sie selbst die Verursacher von weiteren Infizierten sind.

Statistiken über infizierte und tote Menschen wirken für mich wie Börsenkurse oder Waldsterben oder Fischbestände. Ich habe oft nicht das Gefühl, dass es bei den Diskussionen über Covid-19 tatsächlich um Menschenleben geht.

Viele Menschen schreien nach Freiheit, das ist ja verständlich, aber die Freude ist ganz auf der Seite des Virus. Die Freiheit muss erst erarbeitet werden mit null Covid.

Die Viren der Pandemie richten sich nicht nach unseren Wünschen und Regeln, ganz im Gegenteil, die Viren sind unser Gegenspieler und sie nutzen unsere Schwächen wie Freiheit und Leichtsinn aus.

Wieviel Tote sind uns ein Shoppingerlebnis wert? Sind wir wirklich so abgebrüht, eiskalt, oder einfach nur egoistisch und ignorant?
    Muss immer erst einer aus der Familie sterben oder mit Longcovid leben, um es zu glauben?

Allgemeine Meinung in der Bevölkerung

Wir werden mit Covid-19 leben müssen.
 Was hinterlassen wir den Kindern und Enkeln, wenn wir das Virus nicht komplett vernichten?

Die nächsten Jahre immer das Gleiche.
 Immer wieder das Ganze von vorne.
 Wie gefährlich ist die nächste Mutante?
 Wie schlimm wird die nächste Welle?
 Im nächsten Winter schon wieder?

Was kann passieren, wenn ich mich impfen lasse?
 Vector-Impfstoff oder mRNA-Impfstoff?
 Werde ich zum Versuchskaninchen?
 mRNA ist doch noch gar nicht erprobt!

mRNA wird seit 2005 in der Krebsbekämpfung erforscht, also 17 Jahre, immer noch nicht genug für meinen Körper?
 Wieviel Vorkoster sind genug für mich? 10 oder zehntausend oder 10 Millionen, kann es sein, dass es jetzt bei über 10 Milliarden Vorkostern/Geimpften immer noch zu wenige Vorkoster sind für mich?

Nun scheinen die mRNA-Impfstoffe im Kampf gegen Covid-19 sogar besser zu schützen als die herkömmlichen Vectorimpfstoffe. Es gibt aber immer noch viele Menschen, die argumentieren, mRNA sei nicht lange genug erforscht. Einige Menschen warten mit der Impfung auf Novavax, der ein sogenannter Totimpfstoff sein soll, es wird sich zeigen, ob es eine ernstgemeinte Ansage war oder nur vorgeschoben, denn jetzt kommt Novavax. Novavax ist doch brandneu, braucht es da plötzlich keine Vorkoster? Laut Prof. Streeck gibt es da noch keine Studien.

Maske, Impfen, geschlossene Lokale, begrenzte Familienfeiern, keine kulturellen Veranstaltungen, keine Weihnachtsmärkte u.v.m. Wie lange noch? Die Menschen sind es leid und können nicht mehr, weil es kein Ende nimmt. Es gibt nicht einmal einen Plan, der Hoffnung machen könnte.

Innenstadtsterben, zerstörte Existenzen, zerstrittene Familien, zerstrittene Kollegen und Freunde, Spaltung durch die Gesellschaft, überlastete Krankenhäuser, nicht ausgeführte lebenswichtige Operationen, Tod, Longcovid u.v.m.

Wird es nie wieder einen risikofreien internationalen Tourismus geben, weil wir nicht in der Lage sind, das Virus zu bekämpfen und zu vernichten?

Wie werden wir durch das dritte Coronajahr kommen?

Wenn Experten sprechen

Virologe, Timo Ulrichs
„Wir besiegen das Virus nur mit Impfen."
(Eindämmen, nicht besiegen)

STIKO Ständige Impfkommission, Thomas Mertens
„Das Impfen ist die einzige Möglichkeit das Virus zu besiegen."
(Eindämmen, nicht besiegen)

Professorin Dr. Christine Falk, DZIF
„Was, wenn eine Variante kommt, gegen die wir nichts haben?"
(Keine Ahnung, volles Risiko)

Frau Tina Hildebrand, Die Zeit
„Eine Pandemie kann gerne mal 3 Jahre dauern."
(3 Jahre, das wäre Frühjahr 2023 oder halt auch …
keine Ahnung)

Am 08.12.2021
Am ersten Tag im Amt als Gesundheitsminister.
Prof. Dr. Karl Lauterbach sprach von
„den weiteren Wellen"
(weil niemand sagen kann, das ist jetzt die letzte Welle)
Mitte März 2022 sind wir bereits in der 6. Welle.

Am 12.12.2021. Bei Anne Will.
Prof. Dr. Karl Lauterbach sagte: *„Wir sind nicht von neuen Wellen sicher, auch nicht bei 90 % Impfung."*
(Bei 90 % sind immer noch 10 % ungeschützt)

Hamburgs Bürgermeister, Herr Tschentscher
„Es war Wunsch, dass es zu Ende war."
(Covid-19 hat den Wunsch zu expandieren, und wir helfen dabei)

Welt am Sonntag, Dagmar Rosenfeld
„Dann müssen doch alle Länder die Impfpflicht einführen."
(Erkenntnis, dass wir nur gemeinsam stark sind)

Ethikrat, Frau Alena Buyx
„Impfen ist kein Allheilmittel."
(Erkenntnis, dass das Impfen das Ziel auch nicht erreicht)

Christiane Woopen, Medizinethikerin
„Das Impfen müsste international völkerrechtlich weltweit geregelt werden."
(Wow, international, völkerrechtlich geregelt, ganz heiße Spur)

Am 13.12.2021 bei hart aber fair
Herr Prof. Watzel
„Wir werden damit leben müssen."
(Wollen wir resignieren oder haben wir bereits resigniert?)

Am 14.12.2021 Heike Böse, NTV
„Beenden wird man die Pandemie nicht können, aber eingrenzen."
(Doch noch einen Funken Hoffnung, aber nein, wie auch?)

Am 16.12.2021 ZDF maybrit illner
Wolfgang Kubicki, FDP:
„Ich lasse mich alle vier Monate boostern."
(vielleicht der beste Weg, mein einziges Leben zu schützen)

Am 17.12.2021 Prof. Dr. Lauterbach
„Ich gehe von einer massiven fünften Welle mit Omikron aus."
(Man sollte doch mal auf die Experten hören,
er hatte Recht)

Am 17.12.2021 Herr Breuer,
Leiter des Corona Krisenstabs
„Unser Ziel ist, die vierte Welle im Zaum zu halten."
(Aus der vierten Welle wurde direkt die fünfte Welle)

Am 18.12.2021 Dr. Hirschhausen, Tagesschau 24
„Alle, die jetzt weghören, werden diejenigen sein, die mit Longcovid übrigbleiben."
(Ich möchte kein Longcovid, Sie?)

„Es ist keine Freiheit, Menschen in den Rollstuhl oder Longcovid zu verdammen."
(Freiheit, welche, meine Freiheit oder deine Freiheit?)

„Über 200.000 Menschen haben schon Ende 2021 Longcovid, leider auch junge Menschen."
(Wieviel werden es am Ende sein,
wenn es kein Ende nimmt?)

„Heilen kann man Longcovid nicht, nur lindern."
(Ich denke, das will keiner, aber was dagegen tun,
nicht alle)

„Man sollte solidarisch sein und nicht nur an sich denken."
(Solidarisch in der heutigen Zeit, an andere denken)

23.12 2021 Herr Wüst im ARD
„Wir brauchen mehr als 85 % geimpfte Menschen, sonst kommen wir in eine Dauerschleife."
(In der Dauerschleife sind wir und bleiben wir
noch wie lange)

12.01.2022 ARD Maischberger, wurde Prof. Dr. Lauterbach zitiert. *„Wer glaube, dass nach Omikron die Pandemie besiegt wäre, ist naiv."*
(Und dennoch öffnen wir bei höchsten Inzidenzen, dann Prost)

10.02.2022 ARD Maischberger,
Die Linke Frau Wagenknecht
„Wenn wir mit einem Impfstoff Covid-19 ausrotten könnten, dann wäre die Impfung sehr gut. Das kann aber kein Impfstoff, denn wir können uns trotz Impfen anstecken und das Virus auch weitergeben. Er hilft nur vor schweren Verläufen."
(Covid-19 ausrotten wäre sehr gut, und schützen nicht wichtig?)

10.02.2022 ARD Maischberger, FDP Herr Baum
Als Frau Wagenknecht von der Unversehrtheit des Körpers sprach, sagte Herr Baum: *„Und wo ist die Unversehrtheit der an Covid-19 verstorbenen Menschen? Wir müssen solidarisch sein im Kampf gegen die Seuche."*
(die Verstorbenen sind für viele Menschen kein Thema mehr)

10.02.2022 ARD bei Maischberger,
Virologe Prof. Streeck
„Den nächsten Herbst 2022 können wir nicht vorhersagen."
(Also wieder keine Weihnachtsmärkte und nächste Runde)

13.02.2022 ARD bei Anne Will,
Prof. Dr. Karl Lauterbach
„Das Gerücht, dass Covid-19 jetzt in eine normale Grippe übergeht, mag eine Legende sein, das wird vielleicht in 30–40 Jahren so sein."
(Wollen wir lieber Gerüchten oder Fakten ins Auge schauen?)

(Kein Mensch hat in der Talkshow auf diese erstaunlichen Aussagen von Prof. Dr. Karl Lauterbach reagiert. Verdrängen wir einfach, was wir nicht hören wollen?)

13.02.2022 ARD bei Anne Will, Frau Jana Schroeder
(Fachärztin für Infektionsepidemiologie)
„Nicht weil Omikron ungefährlicher wäre als die bisherigen Mutanten sind die Krankenhäuser zurzeit im grünen Bereich, sondern dank der hohen Anzahl der geimpften Menschen."

(Omikron ist also besonders für ungeimpfte Menschen gefährlich, nicht aber für die Überlastung der Krankenhäuser.)
Das sollte bedeuten, dass nun auch wieder die wichtigen Operationen durchgeführt werden können, leider nur, solange die Krankenhäuser im grünen Bereich sind.

17.02.2022 ZDF maybrit illner
„Ist der Wohlstand in Gefahr?"

29. 03-2022 Herr Streeck Virologe bei Markus Lanz
„Wir müssen eine Normalität finden, wie wir die nächsten Jahre mit der Pandemie umgehen wollen."

29.03.2022 Markus Lanz selbst sagte:
„Wir müssen doch mal was tun, dass wir ein für alle Mal aus dem Ding herauskommen."

Ich fasse zusammen:
Niemand hat eine Idee, Glaube oder Hoffnung, Covid-19 wirklich endgültig zu besiegen, leider nur eindämmen. Man traut sich gerade noch, hinter vorgehaltener Hand den Traum von null Covid-19 auszusprechen.

Die Pandemie ist noch lange nicht vorbei.
Die Wirtschaft und die Staatskasse werden bereits im dritten Jahr sehr stark geschädigt. Durch das ständige Auf und Ab mit

allen seinen Folgen wird es auch so weitergehen, wenn wir keinen Reset machen. Tote Menschen produzieren keine Umsätze mehr und kranke Menschen mit Longcovid auch nicht.

Pandemische Situation, Kriegs-Situation Corona, oder nennen wir es, wie wir wollen, aber wir sollten schlauer sein als das Virus und die Weichen stellen.

Die USA haben über 3000 Menschen verloren beim Angriff auf das World Trade Center.
Man hat alles gegeben, eine Wiederholung zu verhindern und den Feind zu besiegen.

Covid-19 hat bis März 2022 6,15 Millionen Menschen getötet und immer noch sterben täglich 7.000 Menschen. Wir greifen das Virus aber immer noch nicht wirklich an, stattdessen kopieren wir es millionenfach jeden Tag munter weiter.

Wer behauptet, ein Problem zu lösen, muss irgendwann Beweise liefern. Doch wenn es immer schlechter wird, ist man sicher nicht auf dem richtigen Weg, das Problem zu lösen.
Wann sehen wir ein, dass wir etwas ganz anderes machen müssen? Etwas, das auch dem ganzen Spuk ein Ende setzt?

Kein Masterplan?

Helge Braun im TV sagte im November 2020: „Es gibt halt keinen Masterplan."

(Danach habe ich mich an die Arbeit gemacht)

Bundespräsident Deutschland Frank-Walter Steinmeier sagte im Februar 2022: „Es war eine Krise, für die es kein Drehbuch gab."
(Ich schreibe das Drehbuch, weil die Krise noch immer da ist.)
(Wenn die Bürger das Gefühl haben, dass die Experten keinen Plan haben oder kein Drehbuch, sind Unsicherheit und Angst die Folge.)

Da aber bis heute niemand davon spricht, das Virus auszulöschen, beschreibe ich nun den Weg, wie das möglich ist in meinem Buch „Der Masterplan für null Covid in nur 4 Wochen". Das Virus geht niemals von alleine weg, wenn wir es immer wieder kopieren und weitertragen.

Das Auf und Nieder seit März 2020 ist so, als wenn eine Feuerwehr den Brandort um 17 Uhr verlässt, bevor das Feuer gelöscht ist und am nächsten Tag wieder zum Löschen kommt.
    Das Feuer brennt nun schon im dritten Jahr.
    Mal etwas Wasser geben, da vielleicht eine Decke drüber, mal eine Kontaktsperre, mal eine Ausgangssperre, mal etwas Spritzen, mal etwas Testen. Hat denn die Feuerwehr keinen Kommandanten, der weiß, wie man das Feuer löscht?

Keine Feuerwehr der Welt würde so etwas Unsinniges tun.
    Aber wir tun es, weil wir keinen Plan haben?

Im März 2020 hatten wir natürlich spontan noch keinen Masterplan zur Hand, den wir hätten umsetzen können, aber nach zwei Jahren immer noch nicht?

Aber jetzt ist er da, „der Masterplan" Erfahrung mit Tierseuchen

Schweinegrippe, Vogelgrippe, Maul- und Klauenseuche usw.

Die betroffenen Bauernhöfe wurden komplett abgeschottet und isoliert. Alle Menschen mussten durch Desinfektionsschleusen gehen. Kein Tier durfte den Hof verlassen.
Die betroffenen Bauernhöfe wurden zu „Inseln", somit war das Virus gefangen und separiert.

Die Infektionskette wurde zu 100% unterbrochen.
Nach einem Monat hörte man nichts mehr davon.
Kein Bauer wäre auf die Idee gekommen, seine Tiere auf der Weide zu lassen, um das Virus einzufangen oder zu verbreiten.

So kann das Virus die „Insel" nicht verlassen und Übertragungen nach außen sind unmöglich. Viren, Seuchen, die von Tier zu Tier übertragen wurden, hatten wir in kurzer Zeit auf null, weil wir wissen, dass Eindämmen nichts bringt.

A.) Bei Stalltieren kann und wird man sofort separieren und die Seuchen sind in vier Wochen auf null. Das Virus wird nicht weitergetragen.

B.) Bei Wildtieren ist das nicht möglich, da sterben viele Tiere, weil das Virus immer wieder unkontrolliert weitergetragen wird.

C.) Bei Menschen, lieber Variante A oder Variante B?

B.) Variante, Wildnis, machen wir schon im dritten Jahr.
A.) Variante, Insel-Urlaub/Ferien dauert nur vier Wochen.

Und was lernen wir daraus?

Was lernen wir daraus, für die Menschheit?
Kleine Gruppen, Familien, Kollegen, Freunde, bilden eine kleine „Insel" für 4 Wochen, das aber am besten komplett weltweit. Zumindest die Länder, die künftig nicht ausgegrenzt sein wollen.

Wenn wir unterschiedliche Regeln haben in Nachbargebieten, aber zum Arbeiten, zum Einkaufen, zum Sport in die anderen Regionen fahren und das Virus überall abholen und überall hintragen, dann macht das Ganze überhaupt keinen Sinn.

In 2020 war das der vermeintlich richtige Weg, weil wir nicht vorbereitet waren und keinerlei Erfahrung hatten und natürlich keinen Plan, der weltweit funktioniert, das Virus zu stoppen.
Aber jetzt muss uns klar werden, dass kein Virus von alleine geht.

Nur gemeinsam sind wir stark, wir müssen stärker und intelligenter sein als das Virus.
Der Stärkere und Intelligentere gewinnt den Krieg oder das Spiel. Wer ist also stärker und intelligenter, das Virus oder der Mensch?
Mit einem Virus kann man keine Kompromisse eingehen oder halbe Sachen machen. Fast daneben ist auch daneben und fast verloren ist auch verloren. Sind wir unseren Mitmenschen gegenüber so gefühlskalt, dass die Gesundheit und das Leben hinter dem Wohl der Haustiere zurücksteht? Sagen wir nicht schon immer, die Gesundheit ist das Wichtigste? Was kann die Wirtschaft eines Landes leisten, wenn das Volk krank ist?

Beispiel Australien in 12 Monaten

Weihnachten 2020 nur 24 Infizierte.

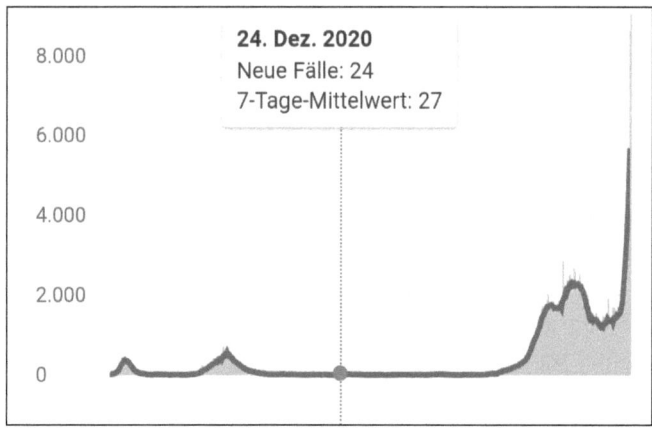

Weihnachten 2021 9047 Infizierte.

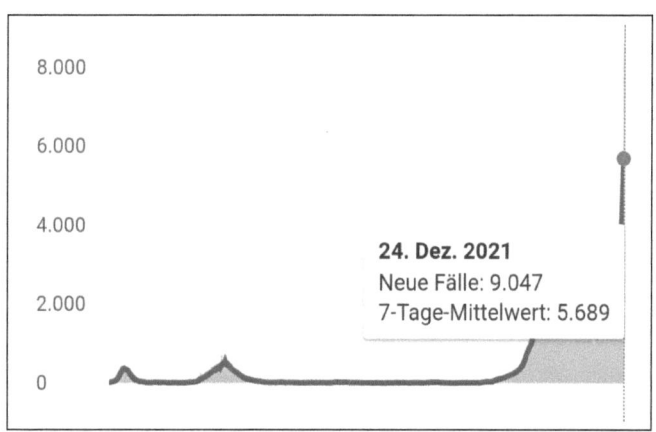

Wie kann das sein?

Warum kurz vor dem Ziel eine neue Welle?

Hier kann man sehr deutlich sehen, was exponentielles Wachstum ist. Australien hat am 01.11.2021 nach 19 Monaten die Grenzen wieder geöffnet. Die Menschen mussten sehr große Opfer bringen, da auch viele Familien in diesen 19 Monaten total getrennt waren. Sie haben es aber nicht geschafft, komplett auf null zu kommen, weil es keine kleinen Inseln waren. Es macht keinen Sinn, Grenzen zu öffnen, wenn nicht sichergestellt ist, dass es auch wirklich keinen einzigen infizierten Menschen mehr gibt, der über die Grenzen kommt oder geht.

Anstatt dessen von Weihnachten 2020 mit 24 Infizierten.

Ein Jahr später kurz nach der Grenzöffnung sind sie exponentiell wie ein Pfeil nach oben geschossen und schon nach 7 Wochen, an Weihnachten 2021, mit 9047 Infizierten war alles umsonst. Anstatt 2 Jahre Grenzschließungen hätten 4 Wochen Corona-Urlaub/Ferien mit 5–150 Personen gereicht, wenn kleinste „A-Inseln" und natürlich auch „B-Inseln" angelegt worden wären, wie ich das vorschlage.

So wären sie auf null Infizierte gekommen für immer.

Um die infizierten Menschen herauszufiltern und zu separieren, muss man kleinstmögliche „Inseln" bilden.

Dann kann eine infizierte Person nur innerhalb dieser einen „Insel" weitere Personen anstecken, nicht aber auf andere „Inseln" übertragen.

So sind die infizierten Menschen zumindest von anderen „Inseln" getrennt, in Quarantäne oder im Krankenhaus zur Behandlung und können keine weiteren Menschen anstecken.

Dieses Land kann das Virus nicht mehr einfangen oder weitere Wellen bekommen und darf vorerst nur noch mit zu 100 % von Covid-19 befreiten Ländern menschlichen Austausch betreiben.

Der Fall Australien zeigt, dass man mit einem Virus keine Kompromisse machen kann. Das gleiche ist in China und Shanghai passiert. Null-Covid-Strategie ist Null und nicht 25–30 Neuinfizierte pro Tag. Denn alles hat 2019 mit einem einzigen infizierten Menschen begonnen.

Aber wie schaffen wir das, wie soll das gehen im Alltag, bezüglich Arbeit und mit der Freizeit?

Das Ziel kann nur sein: „Covid-19 ist absolut besiegt!"

Der einzige Weg, Covid-19 absolut zu besiegen, ist dieser Masterplan. Der „Masterplan" ist ein „Navi", das uns Schritt für Schritt den Weg zeigt, das Ziel zu erreichen.

**„No Covid"
auf kürzestem Weg erreichen.**

**Masterplan
oder Planlosigkeit?**

Nur Eindämmen?

Warum starten wir kurz vor dem Ziel neu durch?
Trügerische Freiheit schon im dritten Jahr.
Das Gegenteil haben wir erreicht und immer noch planlos!
Wie oft haben wir gegensteuern müssen, um eine Welle zu brechen. Geschäftsschließungen, Insolvenzen, nächtliche Ausgangssperren, Eingangskontrollen, Testen, Impfen und die Krankenhäuser bitte nicht vergessen.

Völlig kontraproduktiv, wenn jedes Land etwas anderes verordnet, wenn es keine Grenzen gibt und die Menschen ständig zwischen den Ländern pendeln. Ständiges Wechseln von Verboten, selbst Experten wissen nicht mehr, wo was gilt. Die Texte sind für die meisten Menschen völlig unverständlich und verwirrend. Am Restauranteingang nicht wirklich durchführbar.
Wenn alle Menschen einmalig vier Wochen gemeinsam und gleichzeitig stillhalten, ist das Virus tot, weil niemand das Virus kopiert.
Danach können die Menschen wieder leben wie sie wollen, mit allen Freiheiten.

Wir brauchen einen Corona Reset

Und das mit maximal vier Wochen Corona-Urlaub/Ferien und maximal eine Welle.

Lieber ein Ende mit Schrecken als ein Schrecken ohne Ende.

„Covid-19 gibt es in 30–40 Jahren noch", laut Herrn Prof. Dr. Lauterbach.

Wann ist die Verhältnismäßigkeit für einen Reset gegeben, in 5 Jahren? In 10 Jahren? Nach der 100. Welle? Oder jetzt?

Viren kennen keine Grenzen. Wann soll Covid-19 ausgestorben sein? Wodurch soll das geschehen? Agieren statt Reagieren.

Bringen wir es endlich hinter uns, damit Covid-19 ausstirbt, Impfverweigerer und Corona-Quertreiber arbeitslos werden, weil es dieses Thema nicht mehr gibt.

Es wird auch keine Versuchung mehr geben für bislang ehrliche Menschen, gefälschte PCR-Tests oder gefälschte Impfpässe zu erstellen und somit kriminell zu werden und ins Gefängnis zu müssen.

Auch wenn 99% der Menschen bereit sind, sich solidarisch in die Gemeinschaft einzubringen, wir brauchen absolut 100% der Menschen, die sich an die möglichst einheitlichen Regeln halten.

Wir sind in der Lage, die kompliziertesten Maschinen herzustellen, aber sind wir auch in der Lage und gewillt, Covid-19 zu besiegen?

Der Masterplan
Null-Covid-Strategie

Wir leben in einer globalen Welt, wir reisen privat und geschäftlich über den gesamten Globus. Die Viren reisen mit. Dieser globale Angriff von Covid-19 kann darum auch nur global vernichtet werden. Der Anstoß zu einer einheitlichen Bekämpfung kann daher auch nur von den Weltorganisationen herbeigeführt werden. Daher schlage ich vor:

Beenden der Pandemie durch die WHO
World Health Organization
(Weltgesundheitsorganisation)
Mit 194 Mitgliedsstaaten

Nur die WHO kann das weltweit anstoßen und bei allen Staaten für die Teilnahme am Masterplan werben. Bitte auch die wenigen Staaten, die nicht Mitglied in der WHO sind. Wichtig dabei ist, dass genau beschrieben wird, um was es geht und dass Covid-19 jetzt mit dieser Aktion für alle Zeiten beendet wird.

Das Ziel ist, dass es alle Menschen verstehen sollen und freiwillig und gerne vier Wochen an dem solidarischen Programm teilnehmen.

Der Masterplan ist eine strategische und logistische Aufgabe.

Die Dachorganisationen sollten gemeinsam die Struktur/Logistik zur Durchführung und Umsetzung des Masterplans erstellen.

Zur Umsetzung der Strategie ist es erforderlich, dass auch alle militärischen Kräfte zusammenarbeiten.

1. Die WHO
2. Die NATO
3. Die OSZE

4. Das Militär/Die Bundeswehr
5. Die Polizei
6. Security

Es gelten also für 4 Wochen/einen Monat die Kriegsrechte für Epidemie/Pandemie. Die Regierungen der Staaten entscheiden im Vorfeld über eine Volksabstimmung/Referendum, sich letztlich an der finalen Aktion zu beteiligen oder nicht zu beteiligen. Alle Juristen und Staatsdiener haben das Referendum zu akzeptieren und umzusetzen, auch wenn es dafür keine Blaupause gibt, wie das Beispiel Brexit in England zeigt.

Für die teilnehmenden Staaten regiert in diesem Monat der Umsetzung das Militär komplett einheitlich im Sinne des Masterplanes. Mit 1000 Köpfen und 1000 Meinungen eignen sich Regierungsparteien und Oppositionsparteien absolut nicht, um einen festgelegten Masterplan logistisch 100% erfolgreich umzusetzen.

Die Politiker sind wie jedes Jahr in der Sommerzeit in den Sommerferien, nämlich auf einer „A-Insel", wie alle anderen Bürger auch.

Europaweit/Weltweit

Nachbarländer, die angrenzen und sich einig sind und mitmachen, bilden eine Einheit und schotten sich nach außen ab gegen die „Außenwelt" der Länder, die sich dagegen entschieden haben.

Die mitwirkenden Länder werden sich zum Beispiel,

- Separieren von anderen Kontinenten
- Separieren der EU
- Separieren der Staaten
- Separieren der Länder
- Separieren der Städte
- Separieren der Gemeinden
- Separieren der Wohngebiete
- Separieren einzelner Täler
- Separieren einzelner Straßen
- Separieren einzelner Wohnblöcke
- Separieren einzelner Wohnsiedlungen
- Separieren einzelner Grundstücke

Wir benötigen einen möglichst kleinen, überschaubaren, abgeschotteten Lebensbereich für möglichst wenige Personen, vergleichbar mit einer „Insel".

Was ist eine „Insel"

So ergeben sich am Beispiel Deutschland im Durchschnitt bei 40 Bewohnern im Schnitt pro „Insel" bei 80 Millionen Bürgern 2 Millionen „Inseln".

Eine „Insel" ist ein abgestecktes Grundstück oder eine Region zum Zweck der Kontaktbegrenzung und der Kontaktnachverfolgung, das für eine gewisse Zeit nicht verlassen werden kann, um bei Infektionen die Kontakte schnell verfolgen zu können und im Keim zu ersticken.

So komfortabel wurde noch nie ein Feind besiegt oder ein Krieg gewonnen.
Anstatt zu schießen, Waffenstillstand.
Einen Monat für alle Menschen gleichzeitig Corona-Urlaub/Ferien und das Problem ist gelöst.
Niemand muss in einem Keller oder in einer Wohnung ausharren. Niemand muss Angst haben vor Raketen oder Bomben. Niemand muss sein Hab und Gut verlassen und in einem anderen Land von vorne anfangen, wie wir das mitten in Europa ertragen müssen.

Nur gemeinsam sind wir stark.
Am besten alle Staaten und alle Menschen gleichzeitig, das ist der Schlüssel zum absoluten Erfolg.

Es kann nicht funktionieren, wenn hier ein Lockdown, dort eine Kontaktsperre und das noch zu unterschiedlichen Zeiten stattfindet. Hotspotregeln, wobei es unterschiedliche Regeln gibt von Region zu Region, von Dorf zu Dorf (bei Regionsgrenzen), sind nur zur Freude von Covid-19.

Das Virus wandert von Gemeinde zu Gemeinde, in die nächste Hotspotregion, ins nächste Land und um die ganze Welt, natürlich nur, wenn wir es dort hintragen.

Und genau das Weitertragen, das Kopieren, muss verhindert werden. Erst dann können wir wieder freien globalen Handel und Tourismus betreiben.

„Corona-Urlaub/Ferien"

Mit einem Corona-Urlaub/Ferien von vier Wochen auf einer „Insel" können wir Corona schlagartig besiegen.

Vier Wochen Corona-Urlaub/Ferien an einem räumlich begrenzten Ort „Insel", ohne zu reisen, um Corona/Covid-19 endlich zu besiegen.

Das sind zum Beispiel „Inseln", auf denen man vier Wochen lebt und einfach nur Corona-Urlaub/Ferien macht wie folgt.

Hochhäuser, Straßen, Wohngebiete, Bauernhöfe, Täler, Klöster, Kirchen, Sportplätze, Vereinslokale, Schulen, Kindergärten, Campingplätze, Gartenanlagen, Ferienanlagen, Freizeitlager, Zeltlager, Sporthallen, Festhallen, u. v. m. Überall, wo eine Abgrenzung möglich ist mit sanitären Anlagen und Küche.

Alle Menschen müssen auf einer möglichst kleinen „Insel" untergebracht sein und bei ihrer Gemeinde registriert/gelistet sein. In Ausnahmefällen kann man auch den Aufenthalt auf einer „Insel" einer anderen Gemeinde beantragen, um als Familie oder mit Freunden zusammen zu sein. Wer zurzeit im Ausland lebt und sich dort einer „Insel" anschließen möchte, muss sich dort registrieren lassen und dies bei der Heimatgemeinde melden. Wichtig ist nur, dass es eine kontrollierbare Abgrenzung der „Inseln" gibt. Jede Gemeindeverwaltung muss eine komplette Liste der „Inseln" und deren Grenzen erstellen. Ebenso eine Anwesenheitsliste der einzelnen „Inseln". Anhand der Anwesenheitslisten müssen Anwesenheitskontrollen unregelmäßig durchgeführt werden. Auf den zugeteilten Bereichen/Grundstücken der jeweiligen „Inseln" können auch die Haustiere ausgeführt werden.

„A-Inseln für Bürger"

Nach einem Monat Corona-Urlaub/Ferien auf der „A-Insel" sind alle infizierten Menschen separiert und in besten Händen in den Covid-Krankenhäusern und können auf Genesung hoffen.

Wenn eine infizierte Person einer „Insel" separiert ist, müssen die restlichen Bewohner dieser „Insel" täglich mit PCR auf der „Insel" getestet werden, um sicher zu sein, dass nicht weitere Personen angesteckt wurden, und um keine Zeit zu verlieren.

Es macht natürlich keinen Sinn, Grenzen oder „Inseln" zu öffnen, solange nicht sichergestellt ist, dass es auch wirklich keinen einzigen infizierten Menschen mehr gibt, der über die Grenzen kommt oder auf die „Insel". Dann wäre ja alles umsonst gewesen.

Nach vier Wochen ist das große Ziel null Covid erreicht.
Keine wirtschaftliche Benachteiligung der regionalen Geschäfte mehr. Keine Bereicherung und Ausweitung des Online-Handels mehr.

Und so funktioniert die Versorgung.
Die Bürger decken sich ausreichend mit Lebensmitteln und Artikeln des täglichen Bedarfs ein für 30 Tage.

„Vier Wochen Sonntag", einen Monat vom 1. bis zum 30. des Monats, einfach Corona-Urlaub/Ferien. Vier Wochen hält jeder durch, das haben die Menschen im April 2020 gezeigt.
In vier Wochen ist alles vorbei, Inzidenz null %. Kein einziger Mensch darf infiziert sein, sonst beginnt alles von vorne wie 2019.
Keiner gewinnt, keiner verliert, alle Bankkonten werden eingefroren.

Keinen Lohn, keine Miete, keine Versicherungsbeiträge, keine Zinsen, keine Tilgung, die Versicherungen haften dennoch für einzelne Schäden. Viele Schäden können es ja nicht sein, wenn es wirtschaftlichen Stillstand gibt und alle zu Hause auf der „Insel" bleiben. In Ausnahmefällen können sich die Versicherungen mit der Rückversicherung auseinandersetzen.

Eventuell kann die Staatskasse eintreten, aber die Bürger sind beitragsfrei und haben vollen Versicherungsschutz laut Polizze.

Alle Strom- und Wasserzähler werden am ersten und letzten Tag der Aktion abgelesen und von den Kosten für diese Zeit befreit, alternativ kann 1/12 der Jahresrechnung gutgeschrieben werden. Keine Börse, keine Gewinne/Verluste.

Keine Bestellungen, keine Werbung. Die Internetwerbung und Bestellfunktionen müssen für diese Zeit deaktiviert werden.
Liefer-und Zahlungstermine werden automatisch um einen Monat verschoben, privat und geschäftlich.

Das Jahr hat 11 Monate normales Berufs- und Geschäftsleben und 1 Monat Corona-Urlaub/Ferien.

Hier auf der „A-Insel" ist alles erlaubt, was im normalen Leben erlaubt ist. Sport, Spielen, Grillen, musizieren, TV, Partys.

Feiern wir das Ende von Covid-19 vier Wochen lang am Stück. Nach über zwei Jahren leiden haben wir es verdient, die längste und größte Party aller Zeiten zu feiern. Und genau damit pusten wir Covid-19 ins Jenseits.

Nur die „A-Insel" darf man natürlich nicht verlassen.

Nach dem Corona-Urlaub/Ferien:
Keine Quarantäne mehr, keine Corona-Insolvenzen mehr, keine Corona-Toten mehr, keine zusätzlichen Langzeitschäden mehr, keine Corona-Impfungen mehr, keine gespaltene Gesellschaft mehr bezüglich Covid-19. Nur vier Wochen Corona-Urlaub/Ferien.

Aber auch keine Corona-Demos mehr, keine diesbezüglichen Verschwörungstheorien mehr. Feiern wir das Ende von Covid-19 im Juni oder Juli 2023 weltweit gemeinsam und schlagartig.

Mit diesem Masterplan bekommen wir das alte Leben zurück. Wir müssen es nur tun.

Die Notdienste des täglichen Bedarfs der „A-Inseln"

Sie werden betreut von Menschen der „B-Inseln".

Auch wenn sich alle Menschen mehrere Wochen vorbereiten und Lebensmittel sowie Artikel des täglichen Bedarfs einkaufen konnten, kann es dennoch an einzelnen Stellen zu erforderlichen Nachlieferungen kommen, um Not abzuwenden.

Das geht über einen speziellen Notruf der Militärs.
Die Belieferung erfolgt ausschließlich durch den Sicherheitsdienst.
Die Müllentsorgung ist systemrelevant und soll nach dem Jahresplan durchgeführt werden.
Energie- und Wasserversorgung ist ebenfalls in Bereitschaft und systemrelevant.

Aber auch Künstler aller Art sind systemrelevant, sofern sie sich als Straßenmusiker/Unterhalter registrieren lassen und eine Genehmigung von der Gemeinde erhalten. Natürlich nur in Begleitung von Sicherheitspersonal und mit Abstand zu den Bürgern, um von der Straße aus die Menschen zu unterhalten.
Das können auch Musikgruppen sein oder Chöre u. s. w.
TV-Sender und Journalisten sorgen für beste Unterhaltung und Informationen, sie sind ebenfalls systemrelevant.

Systemrelevante Personen, die auf den „B-Inseln" leben und nicht in ihre Wohnung zurückdürfen, werden kostenfrei mit Lebensmitteln und den Dingen des täglichen Bedarfs durch das Militär versorgt, auf Kosten der Staatskasse.

Alle ehrenamtlichen Personen in systemrelevanten Diensten könnten mit einer einheitlichen Pauschale des Staates von 1000€ honoriert werden, unabhängig von der Qualifikation.

Sozialbedürftige, Obdachlose, Rentner und arbeitslose Menschen sollten in diesem Monat ersatzweise pauschal 500 € erhalten. Sie haben ja keine weiteren Kosten zu tragen in diesem Monat. Es ist nur für Lebensmittel, alles andere ist frei.

Familiensituationen

Familien leben entweder komplett auf einer

„A-Insel" für Bürger

oder komplett auf einer

„B-Insel" für Systemrelevante.

Auf den „A-Inseln" können Familien und Freunde selbst entscheiden, mit wem und auf welcher „Insel" sie einen Monat Corona-Urlaub/Ferien zusammenleben wollen. Auf den „B-Inseln" ist man in möglichst kleinen Gruppen mit den Arbeitskollegen zusammen.
  Einen Wechsel von „B-Insel" nach „A-Insel" darf es nicht geben.
  Ein Wechsel von einer A-Insel zu einer „B-Insel" ist möglich bei Krankheit oder bei einem systemrelevanten Einsatz.

Es kann aber auch sein, dass sich Familien mit Kindern für vier Wochen trennen müssen. Ein Elternteil muss natürlich die Kinder betreuen auf einer der Bürgerinseln A.
  Das andere Elternteil muss arbeiten, weil er systemrelevant ist und gebraucht wird in diesem Notfallsystem auf einer „B-Insel".

Es ist auch möglich, dass ein Familienmitglied freiwillig dauerhaft als PartnerIn oder Kind mit zur „B-Insel" geht, wenn dort genügend vorgesorgt ist.

„B-Inseln für Systemrelevante"

Alle Systemrelevanten, Bundeswehr inklusive der Reservisten, Polizei, Sicherheitsdienste und Hilfsorganisationen aller Art werden für das strikte Einhalten der Abstände der „A-Inseln" zu den „A-Inseln" sowie von den „B-Inseln" zu den „B-Inseln" verantwortlich sein.

Ebenso für die Überwachung der gesamten Abläufe in den Krankenhäusern, Pflegeeinrichtungen, besonders bei deren Dienstunterkünften, die ebenfalls in den „B-Inseln" in kleinen Gruppen getrennt/separiert sein müssen.

Alle Systemrelevanten sollten in der Nähe des Arbeitsplatzes untergebracht sein.

Das sind Kasernen, Hotels, Pensionen, Gästehäuser, Restaurants, Rasthöfe, Container usw.

Das Krankenhauspersonal sollte am besten im Krankenhaus selbst untergebracht werden oder in Wohncontainern auf dem Betriebsgelände. Das Gleiche sollte bei Altersheimen und Pflegeheimen ermöglicht werden.

Bei den privaten Pflegefällen zu Hause sind die Betreuungspersonen in dieser Zeit zusammen auf einer entsprechenden „A/B-Insel".

In den Krankenhäusern für Covid-19 gibt es nur Covid-Behandlungen, sie sollten nur Covidpatienten beherbergen. Alle Covid-19 auffälligen Personen mit Symptomen müssen vom Sanitätsdienst sofort ins Covid-Krankenhaus gebracht werden und dort verbleiben bis zur vollständigen Genesung.

Andere Krankenhäuser mit Notfällen anderer Art haben keine Covid-Patienten, um Personal und Patienten nicht unnötig in Gefahr zu bringen.

Natürlich ist für diese Zeit auf den „A-Inseln" und „B-Inseln" auch Abstand oder Maske angesagt außerhalb der eigenen Wohnung.

Ich denke, dass die Mitarbeiter in den Krankenhäusern und Pflegeeinrichtungen beste Ausstattung bekommen werden, um sich selbst und die Patienten zu schützen.

Landwirtschaft und Tierhaltung

Die Landwirtschaft wird in den 4 Wochen auf das Nötigste begrenzt, also die Tierversorgung muss natürlich vollumfänglich stattfinden.

Wegen Getreideanbau und Futtermittel wie Heu schlage ich den Monat Juni oder Juli vor. Dieser Monat scheint mir am besten für eine Auszeit.

Dringende landwirtschaftliche Arbeiten, für die man den Hof verlassen muss, dürfen nur mit Voranmeldung und Sicherheitsbegleitung durchgeführt werden.
    Das gleiche gilt für die notwendige Übergabe der Produkte, die kontaktlos stattfinden muss.

Tiertransporte sollten für diese Zeit möglichst vorgezogen oder zurückgestellt werden.

Auch Lebensmittelgeschäfte bleiben geschlossen.
    Notversorgung erfolgt durch das Militär.

Die Rechtslage

Wenn die WHO die jeweiligen Staaten informiert und um eine Entscheidung bittet, ob sie teilnehmen wollen an der finalen Aktion gegen Covid-19 mit dem Masterplan, sollten die Staaten einen Volksentscheid/Referendum darüber durchführen. Ich bin sicher, dass mindestens 90% der Bevölkerung dafür stimmen werden. Die restlichen 10% der Bevölkerung werden diesen demokratischen Mehrheitsbeschluss akzeptieren. Denn es gilt, demokratisch zu sein und nicht nur von Demokratie zu sprechen. Ein Demokrat ist nur dann ein Demokrat, wenn er Mehrheitsbeschlüsse akzeptiert und sich dem fügt.

Wenn 1000 Personen rufen, wir sind das Volk, frage ich mich, wer sind dann die anderen 80 Millionen, die in Deutschland leben.

Staaten, die sich dafür entscheiden, sollten schnellstmöglich die erforderliche Rechtsgrundlage für die finale Aktion, den Masterplan, schaffen.

Das Bundesverfassungsgericht muss für solche Fälle der Pandemie das Grundgesetz (Kriegsrecht) anpassen, um den Plan auf rechtlichem Boden umsetzen zu können.

Das Grundgesetz braucht eine eindeutige Rechtslage für Angriffe pandemischer Art von außen.

Kriegsrecht für Epidemie und Pandemie zum Schutze der Bürger, das nenne ich Bürgerrechte. Bürgerrechte müssen für die gesamte Bevölkerung gelten und nicht nur für wenige lautstarke Schreier, denen ein Menschenleben nichts bedeutet. Das Bürgerrecht muss in allererster Linie das Leben und die Gesundheit aller Bürger schützen.

Demokratie findet im Parlament statt, das vom Volk gewählt ist und für eine bestimmte Zeit die Entscheidungen zu treffen hat. Was das Parlament beschließt und vom Bundesverfassungsgericht bestätigt wird, ist rechtens und vom Bürger zu akzeptieren.

Der Krieg mitten in Europa zeigt, dass die Politiker und die Juristen flexibel sein können, wenn sie wollen. Die Bevölkerung kann sich plötzlich vorstellen, Lebensmittelvorräte für mehrere Wochen anzulegen.

Sind 6,15 Millionen Tote nicht genug, um ein paar Wochen von Vorräten zu leben und uns räumlich einzuschränken?

Es kann nicht sein, dass dieser „Masterplan" am Ende an der Rechtslage scheitert oder an wenigen Andersdenkenden, die immer gegen alles sind.

Das Militär und die Polizei stehen über dem einzelnen Bürger im Auftrag der Parlamentsentscheidungen.

Verstöße gegen die „Inselordnung" im Sinne von unerlaubtem Verlassen des zugeteilten Grundstücks „Insel". Kontakte mit Menschen außerhalb der eigenen „Insel" müssen sehr hart bestraft werden.

Bußgeld allein ist für viele Menschen kein Argument. Daher muss es eine Kombination von Haft und Geld sein.

Haftstrafen von mindestens einem Jahr bei Verstößen schrecken jeden ab und sind für solche Fälle geboten.

Zusätzlich angemessene Tagessätze, z. B. entsprechen 30 Tagessätze einem Monatsgehalt des Betroffenen.

Die Außenwelt

Die Länder und Kontinente, die der Meinung sind, sie wollen einen anderen Weg gehen, müssen auch akzeptieren, dass sie sich in das Abseits begeben haben, marktwirtschaftlich und touristisch.

Nach erfolgreicher Umsetzung des Masterplans ist es nicht möglich, menschliche Kontakte an den Außengrenzen zuzulassen, um den hart erkämpften Erfolg aufs Spiel zu setzen.

Dringende und wichtige Warenlieferungen, per Flugzeug, Zug oder per Schiff, dürfen nur unter strengster Aufsicht ohne jeglichen persönlichen Kontakt zu Flugpersonal, Zugpersonal oder Schiffspersonal direkt an deren Außengrenzen abgewickelt werden.

Keine touristischen Reisen in die restliche Welt (nicht zu Urlaubszwecken).

Ausreisen und Einreisen kann nur, wer familiären Bezug hat, diese müssen zwei Wochen in Quarantäne in bewachten Kasernen verbringen und mit PCR-Tests überprüft werden.

Erst wenn absolut sichergestellt ist, dass ein Staat nun auch 100% coronafrei ist können die Menschen ohne Quarantänemaßnahmen reisen.

Das Ergebnis/Erfolg

Welche Länder, Kontinente werden die Vier-Wochen-Variante bevorzugen, um sofort und endlich wieder frei zu sein?

Kontinenten oder Ländern, die das System komplett durchziehen, prognostiziere ich 100% Erfolg, denn wo kein Virus ist, kann keine Infektionsübertragung stattfinden.

Dann werden andere Länder schnell nachziehen, um wieder am normalen Weltgeschehen teilzunehmen wie früher.

Andere Viren, die ebenfalls von Mensch zu Mensch übertragen werden, wie z.B. Diphtherie, Grippe, Masern, Röteln, Tuberkulose, gegen die wir schon viele Jahre kämpfen und impfen, sind automatisch auch Geschichte. Die Infektionsketten dieser Viren brechen ebenfalls ab während Corona-Urlaub/Ferien.

Anstatt die Staatskasse, die Krankenkassen und somit den privaten Geldbeutel auch der nächsten Generationen weiter zu ruinieren, sollten wir den Neustart/Reset mit festem Enddatum bevorzugen. Kriegsende jetzt.

Globalisierung um jeden Preis wird es nicht geben können. Das hat uns die Pandemie und jüngst auch der Krieg mitten in Europa gelehrt. Billig kann sehr teuer werden.

Schon nach einem Monat

Entfällt fast alles, was uns in Bezug auf Corona schon im dritten Jahr belastet:

- Home Schooling, Home Office.
- Verschieben von Operationen aller Art, die uns zustehen, weil wir versichert sind und ein Recht auf die Behandlungen haben.
- Maskenpflicht.
- Impfungen alle 3–6 Monate.
- Impfverweigerer.
- Impfpflicht.
- Mutationen immer wieder.
- Eine Welle nach der anderen.
- Gespaltene Gesellschaft.
- Zerstrittene Familien.
- Andauernde Diskussionen und Zerrissenheit bei Freunden.
- Hass und Hetze.
- Krankenhausaufenthalt auf Intensivstationen.
- Weitere Langzeitschäden (Longcovid).
- Psychische Belastungen und Erkrankungen.
- Corona-Tote mehr als 132.000 Deutschland.
- Corona-Tote mehr als 6.15 Millionen weltweit.
- Insolvenzen durch Corona.
- Mittelstand- und Innenstadtsterben durch Corona.
- Reiche werden immer reicher.
- Arme immer ärmer.

Politik ist nur noch mit Corona beschäftigt und bringt die anderen Themen nicht voran.

- Ungewissheit im gesamten Alltag.
- Ungewissheit in der Urlaubsplanung.
- Ungewissheit in der beruflichen Existenz.
- Arbeitsplatzverlust.

Schlusswort

Das Ziel ist, Menschenleben zu retten.
Die Spaltung der Gesellschaft zu beenden.
Den Mittelstand zu stärken und den Innenstätten das Überleben zu sichern ist gelungen und erledigt, soweit es nicht schon zu spät ist.

Die drei Jahre 2020, 2021 und 2022 haben gezeigt, dass nicht alle Menschen gewillt waren, das Virus mit den angebotenen halbherzigen, aber auch strengen Regeln zu bekämpfen.
Vielleicht sind 4 Wochen Corona-Urlaub/Ferien für manche Menschen auch hart nach über zwei Jahren auf und nieder, aber dadurch verhindern wir, dass der „Zirkus" immer und ewig weiter geht.

Daher bitte ich die Weltgemeinschaft, die wie nie zuvor in einem Boot sitzt, nun einmal an einem Strang zu ziehen.
Im März 2022 sehen wir plötzlich, dass die Welt zusammenstehen kann wie nie zuvor, weil ein demokratisches souveränes Land überfallen wird von einem autoritären Staat. Dann tun wir es einfach auch bei Covid-19, wo der Angreifer kein Staat, sondern ein Virus ist, gegen alle Menschen dieser Erde.
Stellen wir Solidarität vor Egoismus und Geld, denken wir langfristig und solidarisch.

Covid-19 wird nicht das letzte Virus sein. Nach der Pandemie ist vor der Pandemie.

Die Menschheit wird es danken.

Ich bin dafür und Sie?

Autor des Masterplans

Lothar Hin
Deutschland

Der Autor

Lothar Hin wurde 1954 in Freiburg geboren.
Aufgewachsen auf einem kleinen Bergbauernhof, absolvierte er nach der Hauptschule und Meisterschule eine Ausbildung zum Elektriker und wurde kaufmännischer Unternehmer im Bereich Marketing und Vertrieb.
Zu seinen Lieblingsaktivitäten gehören Tanzen und Windsurfen. Von 1994 bis 2012 hatte er eine eigene Firma im Bereich der Werbetechnik. Lothar Hin ist verheiratet, Vater von vier Kindern und mittlerweile in Rente.
Zu seinen besonderen Fähigkeiten gehört es, Problemlösungen zu erarbeiten. Erste schriftstellerische Erfahrungen machte er als Herausgeber eine Vereinsbroschüre.
„Covid-19 – Der Masterplan für null Covid in nur 4 Wochen" ist sein erstes Buch.

novum VERLAG FÜR NEUAUTOREN

Der Verlag

„Wer aufhört
besser zu werden,
hat aufgehört
gut zu sein!

Basierend auf diesem Motto ist es dem novum Verlag ein Anliegen, neue Manuskripte aufzuspüren, zu veröffentlichen und deren Autoren langfristig zu fördern. Mittlerweile gilt der 1997 gegründete und mehrfach prämierte Verlag als Spezialist für Neuautoren in Deutschland, Österreich und der Schweiz.

Für jedes neue Manuskript wird innerhalb weniger Wochen eine kostenfreie, unverbindliche Lektorats-Prüfung erstellt.

Weitere Informationen zum Verlag und
seinen Büchern finden Sie im Internet unter:

w w w . n o v u m v e r l a g . c o m

Bewerten Sie dieses Buch auf unserer Homepage!

www.novumverlag.com